I0814276

Animales en los arroyos y ríos

Julie Murray

Abdo Kids Junior es una
subdivisión de Abdo Kids
abdobooks.com

abdobooks.com

Published by Abdo Kids, a division of ABDO, P.O. Box 398166, Minneapolis, Minnesota 55439.

Printed in the United States of America, North Mankato, Minnesota.

102021

012022

Spanish Translator: Maria Puchol

Photo Credits: Alamy, iStock, Shutterstock

Production Contributors: Teddy Borth, Jennie Forsberg, Grace Hansen

Design Contributors: Candice Keimig, Pakou Moua, Dorothy Toth

Library of Congress Control Number: 2021939744

Publisher's Cataloging-in-Publication Data

Names: Murray, Julie, author.

Title: Animales en los arroyos y ríos/ by Julie Murray

Other title: Animals in streams & rivers. Spanish

Description: Minneapolis, Minnesota: Abdo Kids, 2022. | Series: Hábitats de animales | Includes online resources and index

Identifiers: ISBN 9781098260682 (lib.bdg.) | ISBN 9781098261245 (ebook)

Subjects: LCSH: Animals--Habitations--Juvenile literature. | Habitat (Ecology)--Juvenile literature. | Stream animals--Juvenile literature. | Rivers--Juvenile literature. | Stream ecology--Juvenile literature. | Spanish language materials--Juvenile literature.

Classification: DDC 591.52--dc23

Contenido

Animales en los arroyos y ríos. 4

Más animales en los arroyos y ríos 22

Glosario 23

Índice. 24

Código Abdo Kids . . .24

Animales en los arroyos y ríos

Los arroyos y los ríos son agua en movimiento. En ellos viven muchos animales.

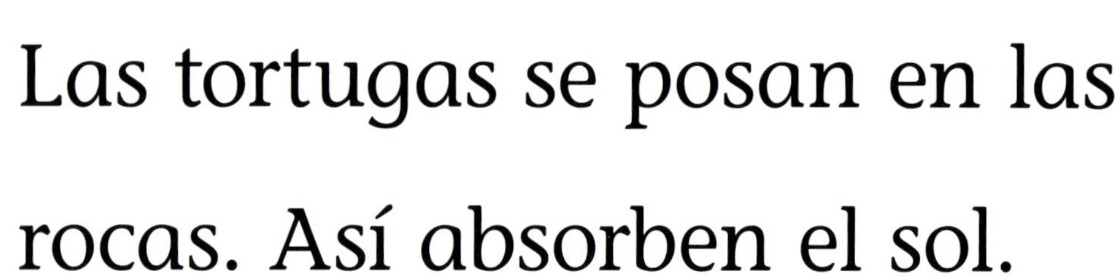

Las tortugas se posan en las rocas. Así absorben el sol.

Los caimanes son grandes. ¡Algunos pueden medir 15 pies de largo (4.5m)!

El pez gato tiene **barbillas**.

Parece que tiene bigote.

barbilla

Las ranas tienen la lengua larga. La usan para cazar insectos.

¡Las serpientes de agua pueden nadar! Comen peces.

Los caracoles tienen una concha dura. Esta concha los **protege**.

Las truchas nadan en el agua.

Algunas son muy coloridas.

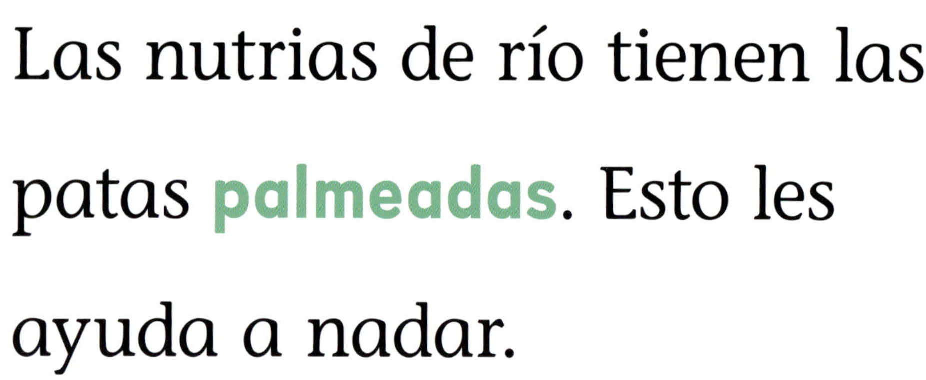

Las nutrias de río tienen las patas **palmeadas**. Esto les ayuda a nadar.

Más animales en los arroyos y ríos

el cangrejo de río

el chinche de agua

la perca de boca pequeña

el pez sol

Glosario

barbilla
antena carnosa que parece un bigote, los peces la usan para detectar comida.

palmeado
tener los dedos de los pies conectados por una fina piel.

proteger
mantenerse a salvo de un daño.

Índice

caimán 8

caracol 16

nutria de río 20

pez gato 10

rana 12

serpiente de agua 14

tortuga 6

trucha 18

¡Visita nuestra página **abdokids.com** y usa este código para tener acceso a juegos, manualidades, videos y mucho más!

Los recursos de internet están en inglés.

Usa este código Abdo Kids

AAK2118

¡o escanea este código QR!